LES COUVERTURES SUPERIEURES ET INFERIEURES SONT EN COULEUR

ÉTUDES DE PHILOSOPHIE NATURELLE
2me SÉRIE : N° 1

LA
MÉCANIQUE DE L'ESPRIT
CONFORME AUX PRINCIPES
DE LA CLASSIFICATION RATIONNELLE

PAR

J.-ÉMILE FILACHOU

Docteur ès-Lettres.

Einen Newton der Psychologie erwartete aber auch Herbart von der Zukunft.
DROBISCH.

MONTPELLIER
TYPOGRAPHIE ET LITHOGRAPHIE DE BOEHM ET FILS
PLACE DE L'OBSERVATOIRE.
1874

En Vente chez SEGUIN, Libraire
rue Argenterie, 25, à Montpellier

OUVRAGES DU MÊME AUTEUR

Examen de la rationalité de la Doctrine Catholique. 1 vol. in-8°. 1849.
La clef de la Philosophie, ou la vérité sur l'Être et le Devenir. 1 vol. in-8°. 1851.
Traité des Facultés. 1 vol. in-8°. 1859.
De Categoriis. Dissertatio philosophica. 1 vol. in-8°. 1859.
Principes fondamentaux de Philosophie mathématique. 1 vol. in-8°. 1860.
De la pluralité des mondes. 1 vol. in-12. 1861.
Traité des Actes, Sommaire de Métaphysique. 1 vol. in-12. 1862.

ÉTUDES DE PHILOSOPHIE NATURELLE.

N° 1. **Système des trois règnes de la nature.** 1 vol. in-12. 1864.
N° 2. **Réponse directe à M. Renan, ou démonstration philosophique de l'incarnation.** 1 vol. in-12. 1864.
N° 3. **De l'expérience de Monge au double point de vue expérimental et rationnel.** 1 vol. in-12. 1869 (3° édition).
N° 4. **De l'ordre et du mode de décomposition de la lumière par les prismes.** 1 vol. in-12. 1870.
N° 5. **De l'ordre et du mode de décomposition de la lumière par les prismes ; Nouvelles preuves à l'appui.** 1 vol. in-12. 1872.
N° 6. **Sens et rationalité du dogme eucharistique.** 1 vol. in-12. 1872.
N° 7. **Démonstration psychologique et expérimentale de l'existence de Dieu.** 1 vol. in-12. 1873.
N° 8. **De l'ordre et du mode de décomposition de la lumière par les bords minces.** 1 vol. in-12.
N° 9. **Le système du monde en quatre mots.** 1 vol. in-12.
N° 10. **Classification raisonnée des Sciences naturelles.** 1 vol. in-12.

Montpellier. — Typogr. BOEHM et FILS.

ÉTUDES DE PHILOSOPHIE NATURELLE

2ᵐᵉ **Série : N⁰ 1**

LA
MÉCANIQUE DE L'ESPRIT

CONFORME AUX PRINCIPES

DE LA CLASSIFICATION RATIONNELLE

POUR PARAITRE PROCHAINEMENT :

2ᵉ Série : Nº 2. **Organisation et unification des Sciences naturelles.** 1 vol. in-12.

— Nº 3. **L'Histoire naturelle éclairée par la théorie des axes.** 1 vol. in-12.

ÉTUDES DE PHILOSOPHIE NATURELLE
2ᵐᵉ SÉRIE : N° 1

LA
MÉCANIQUE DE L'ESPRIT

CONFORME AUX PRINCIPES
DE LA CLASSIFICATION RATIONNELLE

PAR

J.-ÉMILE FILACHOU

Docteur ès-Lettres.

Einen Newton der Psychologie erwartete aber auch Herbart von der Zukunft.
DROBISCH.

MONTPELLIER
TYPOGRAPHIE ET LITHOGRAPHIE DE BOEHM ET FILS
PLACE DE L'OBSERVATOIRE.
1874

AVANT-PROPOS

Ce n'est pas une petite affaire que de vouloir atteindre en quelque sorte le niveau des plus beaux génies, et, côtoyant, contournant, franchissant des hommes tels que Newton et Herbart, reprendre d'abord en sous-œuvre ce que, avec la même inconscience, d'ailleurs, ils ont, l'un si bien, l'autre si mal dit, et puis établir décidément que leur objet était au fond le même; que, se croyant placés aux antipodes, ils se mouvaient pourtant dans le même cercle d'idées, et que, enfin, aboutissant à la même solution, leurs deux sciences, *astronomique* et *psychologique*, se confondent dans les mêmes formules, comme s'y confondent les deux sciences de l'âme et du corps, quand on sait reconnaître en ces deux choses une simple différence d'aspects occasionnée par le plus ou moins grand éloignement des phénomènes observés à leur principe.

Mais, si l'on manquait de confiance en ses idées, on n'écrirait jamais rien. Nous savons très-bien que nous n'abordons point les problèmes traités par ces deux grands hommes, armé de leur science et de leur génie; nous les abordons seulement, muni d'une méthode qu'ils ne connaissaient pas, et que, malgré les dédains ou l'indifférence du public, nous nous obstinons, depuis quinze ou vingt ans, à mettre en avant comme la seule avantageuse; et voulant que, comme on juge de l'arbre par son fruit, on la juge par ses résultats, nous continuons à l'appliquer de notre mieux aux questions les plus ardues, afin de prouver que, si dans nos mains elle est bonne à quelque chose, elle serait bien plus fructueuse en d'autres mains plus savantes ou plus habiles.

Nous nous comparerions volontiers à l'esclave de Tyr montrant le soleil levant luisant au sommet des montagnes. S'il y luit, l'épreuve est faite; et, pour peu qu'on soit ami du savoir, on n'est plus recevable à dire qu'on ne nous comprend pas : on doit ou suivre, ou faire mieux. Le *statu quo* dans l'ignorance affectée doit répugner à tout homme bien né. L'erreur n'a d'autres partisans que ceux qu'elle favorise; mais quiconque veut le bien aime la lumière: *Qui facit veritatem, venit ad lucem* (JOAN., III, 21).

On trouvera la suite au présent travail dans la *Mécanique de l'Esprit par la trigonométrie*.

Cassagnoles, ce 25 mars 1874.

LA
MÉCANIQUE DE L'ESPRIT

CONFORME AUX PRINCIPES

DE LA CLASSIFICATION RATIONNELLE

―――

1. Les astronomes étudient les astres ; les psychologues s'occupent des esprits. Au point de vue des objets, la science des uns apparaît alors différer infiniment de celle des autres; mais, au point de vue des forces, il peut très-bien n'en être pas de même, et rien n'autorise à préjuger que, là, le fond des choses en soit aussi différent que le dehors. Néanmoins, les astronomes sont arrivés, plus tôt que les psychologues, à leur but.

L'astronomie peut être aujourd'hui regardée comme faite, mais elle s'est faite en deux fois :

le premier pas a été fait par Descartes, et le second par Newton. Descartes, qui fut le précurseur de ce dernier, trouva sans doute le véritable système astronomique déjà formulé par Copernic ; mais, autre chose est la connaissance des vrais mouvements des astres, autre chose est la connaissance de leurs vrais principes ou raisons d'être; et, comme on ne l'ignore point, la vraie science est, non celle des simples faits, mais celle de leurs causes. Descartes n'avait aucunes données qui pussent le fixer à cet égard. Savait-on le moins du monde avant lui, par exemple, ce qu'étaient les astres, quels en étaient le volume, la masse, la densité ? Nullement; on en suivait à peine servilement la marche dans les cieux, comme on suit passivement sur la terre la marche de l'ombre sur un cadran solaire. Cherchant alors à remonter à la source de tous les phénomènes célestes, Descartes procéda d'inspiration, et, peuplant d'abord l'espace de matière, demandant ensuite à l'esprit le mouvement, il imagina de concevoir tous les phénomènes célestes comme un effet permanent de cette première application du mouvement à la matière, ainsi forcée dès ce moment, soit à circuler plus ou moins rapidement en certains lieux, soit à planer presque immobile en d'autres, à l'instar des ébranlements excités coup sur coup, les uns après les autres, dans une matière fluide et se propageant ultérieurement en tout sens. Il serait bien inutile de redire ici les tours de force et les merveilleuses ressources accumulées par cet illustre géomètre pour arriver à mettre en parfaite harmonie les faits et l'hypothèse : les créations les plus sublimes mais spontanées du génie sont bien rarement conformes à celles de la nature ; Fresnel nous l'a prouvé tout récemment[1]. La nature procède simplement, et jamais pour ainsi dire en bloc. Descartes échoua donc dans sa tentative prématurée d'en expliquer et coordonner tous les produits par voie synthétique ou descendante, parce que cette manière de l'attaquer, comme par le gros bout ou par le côté mysté-

---

[1] Suivant nous (à charge de le prouver), on a beaucoup exagéré le mérite de la plupart des travaux de Fresnel, mais il y en a pourtant un qu'on n'a point, au contraire, assez loué : c'est celui d'avoir découvert et démontré la *transversalité* des vibrations. Ce mérite l'égale à Malus.

rieux, n'était rien moins qu'un parfait contresens condamnant à l'insuccès tous les efforts imaginables. Mieux inspiré par cet échec de son prédécesseur, Newton, survenant alors, au lieu d'étendre à pure perte son regard sur la nature, ne l'en resserra qu'avec plus de soin sur elle, pour en surprendre le jeu le moins perceptible ou le plus fin; renonçant à toutes les vaines distinctions de matière solide, liquide, fluide, il sembla ne plus même se souvenir de la matière; il discerna seulement trois forces élémentaires ou simples, appelées, la première *attractive* ou centripète, la seconde *répulsive* ou centrifuge, la troisième *impulsive* ou tangentielle, et cela lui suffit pour fonder immédiatement le système définitif du monde physique ou de ses lois.

La psychologie, malgré cet achèvement heureux du système astronomique, en est encore, de notre temps, en l'état où Newton naissant trouva l'astronomie, c'est-à-dire en l'état de grossière ébauche, de création imaginaire, d'hypothèse, grâce même aux beaux travaux récents du philosophe Herbart. Jusqu'à ce dernier, ce qu'on décorait du nom de Facultés n'était réellement qu'un mythe; les vraies puissances de l'âme restaient profondément ignorées, et l'on n'en parlait que comme on parle encore semblablement en physique d'éther impondérable ou de fluides incoercibles, pour n'avoir pas l'air de rester bouche close en présence des faits calorifiques, électriques ou lumineux, qui sont bien manifestement produits, d'une part, mais que très-probablement il suffirait aussi d'accumuler, d'autre part, pour retrouver en eux-mêmes, ainsi condensés, leur propre cause.

Frappé de cette contradiction, Herbart a voulu la faire disparaître; et, chose singulière, fidèle imitateur en tout, sauf un point (le côté religieux), de Descartes, il a résolu comme lui le problème, admettant pour cela, d'abord un nombre indéfini de monades ou d'êtres simples, puis supposant les monades éternellement animées, en tout ou en partie, de mouvements fortuits en tout sens, et enfin imaginant que, différemment sollicitées les unes par les autres dans leurs conflits incessants, et groupées de toutes manières, les mêmes monades ont dû se trouver à la fin munies de représentations plus ou moins compréhensives, symétriquement rangées autour du Moi *psychologique*, avant de se confondre et de disparaître avec lui dans la suprême et seule absolue réalité du Moi *métaphysique*. Suivant ce système, il existe une double causalité, savoir : l'une émanant du dehors, et nommément du hasard ; l'autre émanant du dedans, et notamment, *en général*, de chacun des êtres opposés en relation immédiate ou médiate, *en particulier*, des Moi-s psychologiques ou métaphysiques présupposés exercer (par promptitude ou maturité de développement) le plus d'influence sur le groupe ou l'ensemble des groupes auxquels ils appartiennent. Or, aucune de ces deux causalités ne nous semble raisonnablement, au moins dans la forme actuelle, admissible. Quel homme de jugement, en effet, consentira jamais à dériver du dehors, — sinon imaginairement, — et par là-même comme par acte de réflexion (ce qui reviendrait à dire du dedans) les premières excitations de la réalité sensible, intelligente ou spirituelle ? Quel homme de jugement consentira jamais de même, sachant déjà d'abord que l'espace objectif est pour Herbart une nullité complète, et qu'à ses yeux, en raison de l'entière impassibilité respective des êtres *semblables*, les seuls êtres *contraires* ou *disparates*, tels que $+1$ et -1, a et α, sont susceptibles de se constituer en état d'action et de réaction, quel homme de jugement consentira jamais, dans ces conditions, à croire que ces êtres, entre lesquels il n'existe rien de commun, ni par conséquent aucune trace d'ensemble même *formel*, ne laissent point de pouvoir entrer en ensemble *réel*, de manière à se rencontrer, se toucher, se pénétrer l'un l'autre?... N'importe alors que Herbart sache très-bien décrire et formuler mathématiquement les prétendus ensembles et mouvements des mêmes êtres : dès que ces ensembles et mouvements ne sont point originairement concevables ou manquent d'idée précise, de fondement rationnel, les calculs les plus exacts et les plus savants n'en sauraient racheter ce défaut radical; le système reste, dans son entier, imaginaire ou gratuit; et, bien que, pour ce qu'il a de spécieux ou de brillant, il mérite à son auteur le titre de Descartes de la psychologie, l'on peut bien dire que le Newton en est encore à naître.

2. Entre les deux systèmes Herbartien et Cartésien, il existe une remarquable et singulière différence : le système Cartésien est plein d'idées vraies, mais sans calculs possibles ; le système Herbartien est plein de calculs, mais sans idées quelconques. Descartes, en effet, pense et ne calcule pas ; Herbart calcule et ne pense point. La preuve de ces deux assertions est facile à donner.

Quels sont les principes de Descartes ? Ceux-ci, par exemple : Tout mobile, une fois lancé et livré à lui-même, se meut en ligne droite ; — Tout mouvement qui se produit dans un liquide où l'on jette une pierre, se propage en rond ; — etc. Or, qui ne comprend de suite que, quelle que soit la raison d'ériger d'abord en *principes* de pareils mouvements *rectilignes, circulaires*, ces mouvements, tout quantitatifs ou calculables qu'ils sont en eux-mêmes, n'entrent ni ne peuvent jamais entrer dans aucuns calculs en qualité d'éléments ou de facteurs ? Car on ne connaît point, on ne conçoit point de vraies sommes ni de produits de principes abstraits ; de tels principes se posent, se suivent, s'assemblent, mais ne se somment, ni ne se retranchent, ni ne se multiplient, ni ne se divisent : ils ne se calculent donc point. Ainsi, Descartes est forcé de systématiser avec des *idées* sans calculs possibles.

Dans le système de Herbart, c'est le contraire qu'il faut dire. A l'entendre, il est vrai, les représentations ou les idées sont les *forces* de l'âme. Mais ce qu'il dit là n'est point sa pensée ni ne peut l'être ; car il n'admet point, par exemple, que l'idée 4 soit plus forte que l'idée 2, que l'idée ∞ prime en énergie l'idée $\frac{1}{\infty}$, etc. Dans sa pensée, ces idées abstraites n'ont *objectivement* aucune force; et la force qu'il ne laisse point pour cela de leur attribuer est alors *subjectivement* quelque chose de spirituel ou de sensible inhérent, comme le serait une passion secrète, une fin volontaire, accidentellement associées comme stimulants ou ressorts aux idées en tant que disparates ou contraires. Les divers degrés d'énergie, d'activité, de force, manifestés alors par elles ou plutôt avec elles, sont chose calculable assurément, mais ils sont bien aussi calculables sans elles, puisqu'ils sont applicables ou conviennent indifféremment à toutes les idées possibles ; et puisque Herbart ne saurait, pas plus que Descartes, avoir introduit les idées elles-mêmes dans ses calculs, il suit de là que, calculant, il l'a fait sans *idées* et n'a jamais ainsi construit que des formules absolument vides de sens.

Le système Cartésien, étant construit avec des idées sans calculs, est par là-même insuffisant et faux; le système Herbartien, étant construit avec des calculs sans idées, est insuffisant et faux encore. Un système qui, par hypothèse, serait à la fois construit avec des idées et des calculs, serait-il donc bon et valable? Il pourrait l'être, mais il ne le serait nécessairement pas ; car un système, pour être nécessairement vrai, doit adjoindre, à la préalable possession d'*idées* vraies et de *calculs* rigoureux, celle de *faits* avérés ou patents, qui le complète. Des idées et des calculs ne sont jamais évidemment choses superflues ; mais, de ce qu'il en faut, il ne suit pas qu'il ne faut rien de plus, et, ce qui doit alors s'y joindre, c'est le *fait* qui les valide ou légitime définitivement. Un système veut plus que des abstractions et des formules ; il demande des actualités. Si, par hypothèse, il s'agit du monde extérieur, les faits demandés seront naturellement objectifs ; s'il s'agit du monde interne, les faits demandés seront inversement subjectifs; mais toujours les uns et les autres devront être capables d'offrir le caractère d'actualité, pour être ainsi rendus vrais, vivants ou concrets en leur genre. C'est là, du reste, ce qu'on trouve et peut admirer dans le système astronomique Newtonien. Dans ce système, on trouve érigées en *forces* l'Attraction, la Répulsion et l'Impulsion, qui sont assurément des *idées ;* mais ces *forces* et ces *idées* sont encore des *faits* observables autant qu'appréciables par poids et mesure. Ainsi, l'on trouve que l'Attraction est proportionnelle aux masses, qu'elle s'exerce en raison inverse des distances, etc. Au *virtuel* et au *formel* s'ajoute donc en elles le *réel* (objectif) ; et dès-lors on est bien certain que le système Newtonien réunit en lui-même tous les caractères désirés de perfection ou de vérité.

3. Mais le système Newtonien est le système

astronomique seulement ; quel sera maintenant le vrai système *psychologique*; ou mieux, puisque ce dernier n'est pas encore trouvé, qui nous le donnera ? Ce sera celui qui, bien en dehors des prévisions et des idées de Newton lui-même, prouvera que le système Newtonien, déjà reconnu valable en astronomie, vaut également, sans requérir pour cela la moindre modification intrinsèque, comme système *psychologique*. Et la preuve de cette paradoxale assertion, la voici en quelques mots : Les deux systèmes *astronomique* et *psychologique*, quoique essentiellement différents en la forme, sont absolument identiques au fond, parce qu'ils sont les deux faces *objective* et *subjective* d'un seul et même Être absolu, capable de fonctionner, en qualité de réel, comme Objet et Sujet tout à la fois.

Ne nous laissons point égarer ici par les préjugés régnants. Qu'est le monde astronomique, et même le monde objectif tout entier, sinon un ensemble d'apparitions faites avec des sensations ou du sensible, et déployées dans un espace généralement réputé réel, mais ne l'étant ni ne pouvant l'être, et dès-lors seulement équivalent à l'imaginaire série de degrés inséparable du variable exercice de toute activité passant par des phases plus ou moins lentes ou rapides d'accroissement, de décroissement ou de tenue ? Sans objets apparents, il n'y aurait point évidemment d'espace extérieur ; sans sensations, il n'y aurait point de formes sensibles apparentes ; sans forces appliquées en manière d'enroulement ou de déroulement, il n'y aurait point de sensations plus ou moins étalées ou profondes : donc tout le phénomène extérieur est, en définitive, une simple application de forces extensives ou intensives, et progressives ou régressives, dont le développement, ne dépassant jamais la portée, demeure nécessairement inclus en elles, comme toutes les idées demeurent au sein de l'intelligence qui les émet et s'en distingue sans cesser de les contenir. Nous avons déjà fait observer, contre Herbart (§ **2**), que les idées *objectives* n'agissent point ; mais, n'agissant point, elles sont au moins agies, et par conséquent telles ou telles : ainsi, les idées générales ont objectivement plus d'extension que les idées spéciales ; et les idées spéciales à leur tour ont plus d'extension que les idées particulières. Il y a donc, dans les idées générales, un champ prédéterminé d'exercice pour les idées spéciales ; et de même, dans les idées spéciales, un champ prédéterminé d'exercice pour les idées particulières. Et, comme ces différents ressorts hiérarchiques sont d'ailleurs entre eux, de supérieur à inférieur immédiat, dans le rapport de l'infini au fini, de cette échelle de puissances il résulte clairement, non-seulement que l'intelligence capable de représenter toute sorte de degrés d'exercice est en elle-même *infinie* sous un aspect, mais encore que, sous un autre, elle est concurremment *infiniment petite* ou *finie*; c'est pourquoi finalement l'espace et tout le monde extérieur ne sont point hors de nous, mais en nous-mêmes.

Les deux mondes *objectif* et *subjectif* n'en formant originairement qu'un, on doit ici sentir le besoin de découvrir un moyen de les représenter à la fois sans confusion. Pour découvrir ce moyen, nous remonterons d'abord à la distinction de *l'absolu* et du *relatif*, et puis nous ferons remarquer que toujours, dans la manière de représenter ces deux mondes, il en faut concevoir *un* relatif, *l'autre* absolu. Le lecteur voudra bien se rappeler en outre que, en tout Absolu, l'on peut distinguer trois Relatifs, et que toujours en lui le Sujet et l'Objet sont censés se regarder en face. En supposant alors le Sujet absolu, l'Objectif est triple ; et l'on a devant soi le Sujet un et l'Objet triple formant ensemble un *Solide* pyramidé triangulaire. Mais chacun des trois Relatifs est capable de fonctionner, en face des deux autres restant relatifs, comme absolu : les deux termes restés relatifs et lui-même offrent alors à l'œil de l'Esprit qui les contemple à la fois, l'aspect d'un *plan* triangulaire encore. Enfin, chacun des trois Relatifs, envisagé séparément, peut fonctionner, seul, comme absolu et relatif tout à la fois, par relation avec lui-même tout d'abord absolu : les deux termes imaginairement censés alors se regarder l'un l'autre forment donc une *ligne* qui peut d'ailleurs varier indéfiniment en amplitude, suivant la plus ou moins grande vitesse avec laquelle elle se pose en réalité.

Donnons actuellement au *Solide* pyramidé de tout à l'heure, symboliquement envisagé, le nom de *Puissance* absolue, réelle ; et, sans sortir du même ordre d'idées, au *Plan* triangulaire décrit, le nom d'*Acte* absolu, réel ; et à la ligne imaginaire tracée, le nom de *Production* absolue, réelle : nous retrouvons d'inspection en ces trois différentes figures la triple division d'États consécutifs exposés en notre *Traité de l'existence de Dieu* (§ 9) sous les mêmes noms. Et là, la Puissance absolue, réelle, est bien l'équivalent d'un Agent *en disponibilité*, c'est-à-dire (en quelque manière) breveté, capable, potentiel ou général. De même, l'Acte absolu, réel, est l'équivalent d'un Agent *en fonction*, c'est-à-dire (en d'autres termes) placé, disposé, tout prêt ou spécial. Enfin, la Production absolue, réelle, est l'équivalent d'un agent *à terme*, c'est-à-dire, exécutant, définitif ou particulier. Dans le langage ordinaire, on réserve aux agents *en disponibilité* le nom auguste de *puissances* ; et, désignant par le nom de *tendances* les Agents *en fonction*, on applique le nom d'*actes purs* aux Agents *à terme*. Ainsi, nous retrouvons encore là notre division de l'Activité en *Puissance*, *Tendance* et *Acte*. Mais cette division tripartite de l'Activité peut se changer encore en quartipartite : il suffit, pour cela, d'ajouter à la liste des Agents précédents l'idée d'Agent incapable ou nul ; cette simple et toute naturelle addition suffit, en effet, à nous replacer au niveau de notre Méthode de classification rationnelle d'après laquelle tous les Agents possibles sont exprimables par les quatre symboles à exposants gradués descendants : $1^3, 1^2, 1^1, 1^0$.

4. Nous venons de nous orienter en deux mots sur l'ensemble et l'objet de cette étude ; mais ce coup d'œil général ne nous apprend encore rien sur la marche à suivre : pour nous fixer à cet égard, nous nous remettrons en mémoire la théorie des quatre *Centralités*, et nous reprendrons la considération des quatre *états* correspondants, identiques à ceux tout à l'heure énumérés d'Agents *opérateurs*, *opérants*, *opérés* ou *nuls*. Les premiers dont nous nous occuperons seront les Agents *opérateurs*, autrement dits *puissances*.

5. Jusqu'à présent, toutes les notions obtenues de la *Puissance* réelle ($= 1^3$) sont, si l'on y fait attention, plutôt abstraites ou logiques, que réel-

les ou psychologiques. Il s'agit actuellement d'en obtenir cette dernière notion; mais y parvenir sans tenir compte de celles analogues d'*Actes absolus* identifiables aux tendances ($= 1^2$) et de *purs actes* nommés aussi productions ($= 1'$), c'est absolument impossible, car toutes ces notions sont corrélatives. D'ailleurs, on n'a pas oublié sans doute que, l'Objectif n'ayant jamais d'autre réalité qu'une réalité formelle, imaginaire, la vraie Réalité doit être d'abord forcément *subjective*. Nous avons appris, en outre (§ 2), que, pour être digne de cette qualification, elle doit être à la fois: *idéable*, *calculable* et *sensible*. Comment s'appellera-t-elle, ainsi faite ou complète? Elle s'appellera l'*Activité*. Partant alors de cette idée de la vraie Réalité, que le mot Activité résume si bien, voyons ce qui s'ensuit.

L'Activité, comme expression vraie du Réel, est l'Absolu pris relativement *trois* fois, ou *deux* fois, ou *une* fois; car c'est ainsi qu'elle correspond justement aux trois notions de *Puissance*, de *Tendance* ou d'*Acte pur*. Et là, manifestement, l'idée de Puissance est celle d'une limite *absolue* de l'Activité, sa limite supérieure; l'idée d'Acte pur est celle d'une autre limite pareillement *absolue*, la limite inférieure; mais la Tendance comprise entre deux, que peut-elle être, sinon un terme moyen ou rapport égal, sinon identique, avec les deux limites absolues précédentes qu'elle réunit et sépare à la fois? Reprenons les deux idées des limites supérieure et inférieure, que nous avons dites être celles de Puissance réelle et d'Acte pur élémentaire, ou, plus brièvement, celles de *Puissance* et d'*Élément*. S'interposant entre les deux, le terme moyen appelé *Tendance* doit être Élément *par rapport* à la Puissance, et Puissance *par rapport* à l'Élément; il est donc Élément et Puissance *relatifs*, transitoires, actuels. Pour fixer les idées, soit le rapport vulgaire, abstrait ou mathématique, de 8 à 8, qu'on sait être égal à 1. Dans ce rapport $\frac{8}{8} = 1$, la Puissance est naturellement représentée par le numérateur ou dividende 8; mais l'Élément (à moins de vouloir retomber aveuglément dans la Puissance, ce qui serait absurde) n'est plus représenté par le seul dénominateur ou diviseur 8; il l'est plutôt par le facteur réciproque $\frac{1}{8}$; et, si l'on opère alors convenablement sur ces quantités, on voit en effet de suite que $8:1::1:\frac{1}{8}$; d'où il vient $1^2 = \frac{8}{8}$, et encore $1^2 = \frac{2^3}{2^3} = 2^3 \times \frac{1}{2^3}$. Un terme moyen, réunissant ainsi relativement les deux aspects combinés (par manière de multiplication et de division) de Puissance et d'Élément absolus, remplit à cet égard, dans le ressort des forces, le même rôle que joue la *mère* entre le *père* et l'*enfant* dans la famille, ou le *ministre* entre le *prince* et le *sujet* dans l'État, et n'est plus dès-lors un rapport abstrait ou partiel, mais un *Rapport réel* ou *concret*; d'où l'on peut déduire immédiatement les deux propositions suivantes :

1° Le *Rapport réel* entre deux facteurs réciproques étant constamment égal à 1, et l'*Activité même absolument absolue* dont il n'est pourtant que l'une des trois formes possibles étant de même égale à 1, ces deux Réalités sont radicalement susceptibles de la même représentation objective.

2º L'équation $1 = \frac{8}{8}$ pouvant s'écrire $1 = \frac{8}{1} \times \frac{1}{8}$ et permettant de renverser ces deux facteurs réciproques sans modification du Rapport, ces mêmes facteurs sont inversement égaux et se correspondent dès-lors, en valeur absolue sinon relative, comme se correspondent, par exemple, hauteur et profondeur dans le phénomène de la vision accompli par réflexion sur un miroir horizontal où les rayons semblent venir d'autant plus bas qu'ils partent de plus haut.

Sachant donc maintenant que l'Être personnel *relatif* et l'Être absolument *absolu* sont mathématiquement exprimables, tous deux de la même manière (par l'Unité toujours censée réelle), nous pourrons désormais négliger sans difficulté la position *absolue* de l'Activité, dont la représentation tétraédrique ne serait pas plus commode sur le papier qu'en équation ; et, réduisant ainsi nos formules à trois termes constitués en apparence comme *dividende*, *diviseur* et *quotient*, nous aurons seulement soin de voir en ce dernier, non une simple expression abstraite de rapport, mais un *Rapport réel* ou concret, comme type

— 28 —

complet des deux fonctions de Puissance et d'Élément, et moyen naturel de descendre ou de monter arbitrairement de l'un de ces extrêmes à l'autre.

Au lieu de l'exemple cité plus haut $1 = \frac{2^3}{2^3}$, considérons la série de termes prolongés jusqu'à l'infini :

$$1 = \frac{1^3}{1^3} \ldots = \frac{3^3}{3^3} \ldots = \frac{\infty}{\infty}.$$

C'est une infinité de types d'Êtres toujours identiques (comme Réels égaux à 1) à des *tendances* absolues en elles-mêmes, mais pourtant figurables par des groupes de facteurs réciproques, tels que 1^3 et $\frac{1}{1^3}$. Jetons-nous alors les yeux sur les Puissances ($= 1^3$) : nous avons en elles des types spéciaux d'Activités disponibles dans une plus ou moins grande étendue d'espace, et par conséquent *extensives*. Jetons-nous les yeux sur les Éléments ($= \frac{1}{1^3}$) : nous avons en eux des types spéciaux d'Activités disponibles avec plus ou moins de force ou de vitesse, et par conséquent *intensives*. Enfin, jetons-nous les yeux sur le Terme moyen constamment égal à 1 : il nous apparaît aussitôt comme l'indice d'une entière égalité de développement entre les grandeurs d'exercice *objectif* accusé par les Puissances et les degrés d'énergie *subjective* concentrée dans les Éléments.

Les types $1 = \frac{1^3}{1^3}$, $1 = \frac{\infty}{\infty}$, sont les types absolus divins. Les types compris entre les précédents, $1 = \frac{A^3}{A^3}$, $1 = \frac{a^3}{a^3}$, dont les quantités A et a figurent des Activités respectivement *grandes* ou *petites*, sont des types relatifs, d'abord angéliques, puis humains. Dieu, l'ange et l'homme sont donc des Êtres semblablement constitués, à la grandeur ou à l'intensité près. Mais, ce qu'il importe ici surtout de remarquer, c'est d'abord que toutes expressions de la forme 1^3, $\frac{1}{1^3}$, sont des identités *psychologiques*; et puis, que tous les êtres *se contiennent* l'un l'autre autant qu'ils *sont contenus* l'un par l'autre. La certitude du premier point résulte immédiatement de ce que le *Rapport réel* des *facteurs réciproques* est constamment égal à 1. La certitude du second point se déduit ensuite du premier une fois admis, en remarquant que, autant le terme ou facteur A d'un Rapport l'emporte sur le terme ou facteur a d'un autre Rapport, et par conséquent le contient, autant le second terme ou facteur $\frac{1}{a}$ de ce dernier Rapport l'emporte sur le second terme ou facteur $\frac{1}{A}$ du précédent et par suite le contient encore, et qu'alors, en raison de l'identité *psychologique* des termes corrélatifs A et $\frac{1}{A}$, ou a et $\frac{1}{a}$, les êtres ainsi constitués sont autant se contenant l'un l'autre, que contenus l'un par l'autre. La croyance par laquelle on admet en religion le Créateur résidant dans la créature, et la créature résidant inversement dans le Créateur, ou même l'ange résidant en l'homme, et l'homme résidant en l'ange, est donc infiniment rationnelle. Cette double résidence inverse ne doit pas cependant être prise dans le même sens; car c'est par défaut d'extension que le fini réside en l'infini plus large, et, par excédant d'extension, que le fini recèle l'infini plus intensif; les intensités et les extensions sont, en effet, inverses. Suivant cette manière de voir, le fini contenant l'infini n'en a point encore pour cela la disposition; car il le contient précisément comme moins développé, moins étendu que lui, quand de son côté l'infini le contient comme atteignant toujours plus vite ou plus loin que lui dans l'espace par l'incomparable promptitude ou portée de ses actes.

Une autre observation, non moins importante que les précédentes, consiste à remarquer, — à l'inspection des quantités 1^3, $\frac{1}{1^3}$ ($= 1^{-3}$), etc., dans lesquelles il est aisé de reconnaître des figures de *cubes* positifs et négatifs, ou de *sphères* analogues, — que toutes ces quantités, ne différant entre elles que par l'amplitude des trois dimensions inégales d'être à être, mais égales en chaque être, équivalent à des cubes ou à des sphères concentriques ou du moins parfaitement superposables. Cependant, comme la pensée les distingue toujours et qu'on peut les concevoir à l'état de dispersion aussi bien qu'à celui de superposition entière ou partielle, la reconnaissance de leur respective indépendance originaire en exercice externe suffit à leur conférer le caractère de vraies puissances réelles, comparables à des rois libres de disposer pleinement à leur gré de leurs forces ou de leurs actes. A ce point de vue, si leur idée seule ne provoque point en nous le spectacle apparent d'agissements ou de mouvements objectifs, elle nous en fournit au moins toutes les conditions, dans les aptitudes reconnues de ces Êtres à s'attaquer ou résister de toutes manières ensemble ou séparément ; et que leur faut-il supposer pour cela ? La simple connaissance ou prévision au dedans et présentation ou perception de causes stimulantes au dehors. Un être radicalement actif est-il une fois, par hypothèse, stimulé du dehors dans son sens : il a là, manifestement, une raison actuelle et suffisante de réagir et de se porter immédiatement en avant ou en arrière. Mais, est-ce que la simple représentation intérieure de semblables accidents ne suffit point également à motiver de sa part une émission spontanée de *propension* ou de *répulsion* au moins internes ? On ne le saurait nier. Une activité, radicalement paisible mais libre, ne laisse donc point d'être accessible au changement; et de là vient qu'elle est en elle-même une puissance réelle, un agent *opérateur* (§ 4). Une mécanique *générale*, restant générale, requiert des activités ou puissances ainsi conditionnées, mais n'en exige pas d'autres.

6. Les notions nécessaires de la mécanique *générale* une fois exposées, nous devons rechercher celles de la mécanique *spéciale* identifiable à la *dynamique* vulgaire. Nous rattacherons cette nouvelle étude à la précédente.

D'après ce que nous avons déjà dit, les *puissances* absolues sont, pour la *forme*, assimilables à des sphères ou à des cubes parfaits, et, comparées à des sphères, elles sont objectivement pareilles à des globes à trois grands cercles identiques ; comparées à des cubes, elles ressemblent à des cristaux à trois axes égaux et rectangulaires. Considérées en elles-mêmes ou dans leur *fond*, les mêmes puissances ne sont, au contraire, que subjectivement douées des mêmes formes, plutôt alors intelligibles ou négatives que réelles ou positives; mais, par cela même qu'elles sont alors éminemment concentrées, toutes les déterminations propres en acquièrent une amplitude et une portée immenses qui donnent à leurs *actes* le double caractère, incommunicable autrement, de *devenir immanent* d'une part, et de *positions absolues* de l'autre. Il n'en saurait maintenant être de même des *actions relatives* que l'on conçoit possibles entre elles, quand, venant à considérer qu'elles s'emboîtent — comme sphères ou cubes — en divers sens les unes dans les autres, on discerne, dans ce pêle-mêle d'influences en tout sens, une perpétuelle occasion de premiers mouvements ou d'excitations spéciales *tendant*, soit à resserrer, soit à modifier les unions. Dès ce moment, les *puissances* absolues cessant d'en offrir le principal caractère, seraient par là-même descendues au rang secondaire de *tendances*. En qualité d'absolues, elles ont bien, sans doute, originairement la faculté de régir ces tendances naissantes avec un empire absolu, mais, au même titre, elles peuvent aussi s'y livrer avec plus ou moins d'abandon, jusqu'à s'oublier tout à fait elles-mêmes; et dans ce dernier cas, perdant avec leur personnalité la souveraine direction de ces nouveaux mouvements, elles sont réduites à leur servir seulement désormais d'auxiliaire ou de renfort.

Ainsi, tout autant que les Activités personnelles sont censées conserver leur autonomie, nous nous trouvons sur le terrain des *Puissances*. Quand, au contraire, les activités personnelles laissent, par faiblesse ou caprice, leur autorité sombrer pour ainsi dire dans la contingence, et ne retiennent tout juste qu'assez d'énergie pour s'employer, en qualité d'esclaves ou d'automates, au service d'autres Activités respectivement souveraines, nous passons immédiatement, à leur égard, du terrain des *Puissances* sur celui des *Tendances*. Le rôle des Puissances étant un rôle du 3me degré figurable par le symbole 1^3, le rôle des Tendances inférieur d'un degré se représente au moyen du symbole 1^2; mais, si ce dernier rôle cède infiniment au précédent par le moindre degré de son exposant et la limitation ou la contingence de ses actes, il l'emporte ou paraît du moins l'emporter inversement sur lui par le nombre et la vivacité de ses variations.

Cependant, quelles que soient et la multitude

et la diversité de ces variations, il est possible et facile de les résumer en quelques espèces, et d'en formuler même les lois. Celle de ses lois qu'il importe ici surtout de formuler la première, est celle de la force *tendantielle* elle-même, réduite au rang d'*auxiliaire* ; nous l'exprimerons en disant que cette force se joint toujours, comme contre-poids, à celle des deux forces personnelles (respectivement appelées Intellect ou Sens), qui se trouve la plus faible, ou mieux et plus généralement *qu'elle se distribue toujours entre ces deux dernières, en raison inverse de leur développement*. Soient, pour fixer les idées, les deux forces intellectuelle et sensible égales : la force *tendantielle* se partage entre elles également. Soient les deux forces personnelles inégales : la force *tendantielle* s'applique aussitôt à compenser la plus faible, en lui restituant en vitesse ce qui lui manque en force. La force personnelle la plus faible vient-elle à s'annuler tout à fait : la *tendance* se range de son côté tout entière. En preuve de ces assertions, nous pouvons citer le Soleil et la Terre considérés dans leurs lieux et mouvements respectifs. Ainsi, le Soleil, étant incomparablement plus gros que la Terre, apparaît par là-même immobile au centre du système solaire ; et la terre, incomparablement plus petite, apparaît, par la même raison, se mouvoir circulairement autour de l'astre du jour. Si le Soleil et la Terre avaient des masses égales, il n'en serait plus de même : alors, leur centre commun serait à la demi-distance de l'un de ces corps à l'autre, et tous deux tourneraient autour de ce centre avec des vitesses égales. Enfin, si la Terre devenait aussi grosse que le Soleil, et le Soleil aussi petit que la Terre, ils échangeraient entre eux de rôles ou de vitesse ; et la Terre apparaîtrait immobile au centre du système, tandis que le Soleil jouerait le rôle de planète à son entour.

7. Maintenant, quand la force *tendantielle* s'éclipse ainsi plus ou moins au service des deux autres forces respectivement personnelles, il est évident que c'est son éclipse même qui permet à leurs oppositions ou différences, auparavant occultes, d'apparaître au grand jour. Une sage et généreuse entremise, sans ôter radicalement tout sujet de discorde, a, souvent du moins, comme

on ne l'ignore pas, l'avantage d'en empêcher les suites ; mais le moyen conciliant vient-il à disparaître, les contraires se révèlent aussitôt, et la lutte commence avec toutes ses vicissitudes. Après l'éclipse toute de dévouement de l'Esprit, les deux forces personnelles en présence sont, avons-nous dit, le Sens et l'Intellect. Envisagées sous un certain aspect facile à concevoir, ces deux forces sont entre elles comme l'externe et l'interne ou le réel et l'idéal, avec toutes leurs différences d'extension et d'intensité. Quand, alors, l'Esprit, abdiquant son empire naturel, entre à leur service, il le fait ou seulement *ostensiblement*, ou seulement *d'intention*, ou bien, au contraire, *de fait et de cœur* tout à la fois. De là, trois cas généraux distincts.

D'abord, l'assujettissement de l'Esprit est-il seulement apparent, externe : c'est le Sens que, alors, tout en semblant le favoriser, il abandonne à ses fluctuations. Dès ce moment, le Sens est double. Mais l'Intellect ou la direction ne varie point pour cela ; l'Esprit lui-même ou la vitesse, en raison de sa constante union à l'Intellect, varie seulement pour la forme ou reste invariable dans ses variations ; et le mouvement ainsi produit est le mouvement *oscillatoire*.

Puis, l'assujettissement de l'Esprit est-il seulement interne ou mental : c'est l'Intellect qui demeure libre de s'échapper comme par la tangente. Mais si cette fois la direction varie sans cesse, le sens ne varie jamais ; la vitesse, contenue par ce sage régulateur, ne varie pas davantage, et le mouvement résultant est le mouvement révolutif *circulaire*.

Enfin, l'abandonnement de l'Esprit aux circonstances est-il à la fois interne et externe ou apparent et mental : le Sens et l'Intellect sont livrés à la fois à leur instinct ou caprice, et de là doit surgir un nouveau mouvement. Seulement, à cause des deux forces émancipées à la fois, le mouvement résultant doit se compliquer de plusieurs aspects différentiels irréductibles, qu'il importe d'exposer séparément. Nous mettrons en saillie ces trois aspects particuliers, en nous demandant si l'une des deux forces émancipées ne serait point par hasard *inférieure*, *égale*, ou *supérieure* à l'autre.

Admettons d'abord que la variation du Sens

soit moindre, ou moins ample et moins prolongée que la variation de l'Intellect : alors, les deux mouvements déjà reconnus propres à l'une ou à l'autre de ces puissances, ou l'*oscillatoire* et le *circulaire*, apparaissent — il est vrai — réunis ; mais, le circulaire l'emportant sur l'oscillatoire, la courbe décrite subit en vain plusieurs irrégularités périodiques ; la révolution se maintient toujours ; et le mouvement d'alors, représenté par une courbe fermée non circulaire, est le mouvement *elliptique*.

Admettons actuellement, au contraire, que la variation de l'Intellect soit moindre que celle du Sens, ou bien qu'elle cède à cette dernière en amplitude et constance : cette fois, les deux mouvements respectifs et primordiaux de l'Intellect et du Sens, ou le circulaire et l'oscillatoire, ont beau continuer de se superposer à l'origine ; le mouvement sensible projecteur, anéantissant bientôt toute trace de mouvement révolutif, adopte franchement, irrévocablement la marche rectiligne, et le mouvement actuel est le mouvement *hyperbolique*.

Enfin, admettons que les deux variations du

Sens et de l'Intellect sont d'égale force ou tenue : nulle d'elles ne pouvant dans cette circonstance avoir le dessus ni le dessous, les deux puissances intellectuelle et sensible tendent bien toujours, l'une à fermer la courbe originairement circulaire, et l'autre à la rectifier; mais, devant un obstacle insurmontable égal à leurs tendances, chacune se voit frustrée de son effet, et le mouvement alors réalisé d'égale courbure indéfinie se nomme le mouvement *parabolique*.

8. Parlant des *Puissances* absolues, nous n'avons pas craint de les dire, sans démonstration, construites sur le type suprême du *cube* et de la *sphère* (ou, ce qui revient au même, des *foyers*) $= 1^3$; et la raison en est que, depuis Newton, ce point est universellement admis sans contestation aucune. Par la même raison, nous pourrions ici nous borner à constater, sans plus ample examen, que toutes les *Tendances* s'expriment sous la forme carrée 1^2; néanmoins, à cause de l'importance et de la généralité de cette nouvelle loi, nous la confirmerons par une indication sommaire des formules d'optées par la science, et par la

réfutation des objections qu'on pourrait nous opposer.

Quand nous exposions naguère l'origine et la nature des quatre mouvements dits *circulaire, elliptique, parabolique* et *hyperbolique*, on a pu remarquer que nous établissions là des centralités dont la signification rationnelle est déjà parfaitement déterminée par ce que nous en avons dit dans les n°s 9 et 10 de la première série de ces études. Eh bien ! qu'on ouvre là-dessus le premier traité venu tant soit peu complet de mécanique, et l'on y trouvera que ces quatre mouvements sont toujours (quand on ne les défigure point et qu'on y tient compte de la pesanteur P) rendus au moyen de formules du second degré, qui sont, par exemple :

Pour le mouvement circulaire..	$V^2 = 2PR$,
Pour l'elliptique.............	$V^2 < 4PR$,
Pour le parabolique...........	$V^2 = 4PR$,
Pour l'hyperbolique...........	$V^2 > 4PR$.

Notre enseignement relatif aux mouvements effectués sur le type des quatre sections coniques est donc expérimentalement et mathématiquement incontestable.

Nous faudra-t-il par hasard admettre une exception à notre loi pour le mouvement *oscillatoire* ? Non, car on sait que, chez lui, les espaces parcourus sont comme les carrés des vitesses ou des temps ; d'où la formule :

$$V^2 = 2gH.$$

Enfin, chose bien remarquable, il n'est pas jusqu'au mouvement *rectiligne*, habituellement représenté par une forme du premier degré, qui ne puisse et ne doive parfois s'exprimer comme le précédent ; et c'est le cas quand on veut tenir compte de la force toujours proportionnelle au carré de la vitesse ; ce qui nous donne la formule usitée :

$$V^2 = \frac{F}{M}.$$

Il est donc bien vrai de dire que toutes les tendances s'expriment sous la forme de quadrature.

9. Les doctrines les plus vraies ne sont pas toujours à l'abri d'objections. Ainsi, la certitude de nos assertions actuelles peut paraître sujette à

quelques difficultés. Nous allons en indiquer et réfuter deux principales.

La première difficulté que nous signalerons est celle qu'on tirerait de l'usage où l'on est d'exprimer le mouvement rectiligne uniforme par la formule de premier degré $V = \dfrac{E}{T}$. Cette formule, quoique représentant très-bien ce mouvement, a le défaut de n'exprimer que le *fait* même de sa propagation, en laissant de côté la *loi* qui le régit et qui requiert pour sa représentation la considération de la *Force*. Il y a longtemps que Leibnitz a démontré contre Descartes, dont les lois cosmiques étaient fondées sur la seule considération de la *quantité du mouvement*, qui est du premier degré, la nécessité d'y substituer celle de la *force vive*, qui est du second.

La seconde objection dont la réfutation va nous retenir plus longtemps, serait prise de la théorie de Newton sur l'origine de la force *tangentielle* pour laquelle, à défaut de toute autre explication, cet Auteur avait recours à l'intervention de la Divinité, projetant la matière des astres planétaires dans l'espace autour de leur Centre, le Soleil. Il faut avouer que jusqu'ici l'origine de la force tangentielle a paru singulièrement mystérieuse à tous les savants ; et Newton, qui n'était point philosophe (comme le prouve sa controverse avec Leibnitz soutenue par une plume étrangère), Newton, disons-nous, pouvait alors très-bien hésiter lui-même à cet égard. D'ailleurs, savait-il mieux l'origine des forces *centripète* et *centrifuge*? Comprenant très-bien l'impossibilité d'attribuer la force *centripète* à la matière qui *n'agit* point, et sentant néanmoins aussi la nécessité de l'y rattacher comme inséparable, il imagina de dire que la matière était *comme si* elle attirait. Mais la matière, incapable d'attirer, devait être de même incapable de repousser. Et par suite, ce qu'il eût dû dire, c'était, non-seulement que la force *tangentielle* était d'origine divine, mais encore que toutes les trois forces tangentielle, contrifuge et centripète avaient cette origine. Mais, tout devenant là surnaturel, le système n'eût guère paru scientifique ; car la science n'aime pas qu'on ait l'air de jamais se lancer dans l'hypothèse, et Newton tenait par conséquent à s'y prêter le moins possible. Alors, qu'avait-il à faire? Après avoir admis que la matière était *comme si* elle attirait et repoussait, il devait ajouter conséquemment qu'elle était encore *comme si* elle se mouvait elle-même, et cette dernière assertion n'eût pas été plus choquante que la précédente. Pourquoi ce qui *semble* mouvoir autrui ne pourrait-il *sembler* se mouvoir seul? L'expérience est en faveur de cette idée, puisque, mouvant les autres corps, nous avons aussi le pouvoir de mouvoir pareillement le nôtre. La question ici soulevée touche, comme on voit, à celle plus générale des rapports de la *force* à la *matière*. La distinction de ces deux choses est évidente, l'essentielle séparation même en est parfois évidente encore. Car la matière *acquiert* et *perd* la force : donc la force est indépendante de la matière. Mais, alors, comment sont-elles unies? Elles le sont comme la cause l'est à l'effet, ou la Puissance à l'Acte. La Puissance est antérieure à l'Acte[1] ; de même, la force est antérieure à la matière. Mais

---

[1] Pour qu'on ne se méprenne pas sur le sens de cette proposition, nous renverrons à la note du *Traité sur l'Existence de Dieu*, n° 7, pag. 41.

l'Acte, une fois réalisé par la Puissance, reste dans la Puissance; de même, la matière, une fois réalisée par la Force, reste en la Force, et comme elle en dépend dans son origine, elle en dépend également dans sa position, direction et vitesse. Ne considérant que la matière, on devrait trouver étrange, non-seulement l'origine de la force, mais encore sa composition actuelle. Car jamais la matière n'apparaît pénétrable ; ne se pénétrant point et divisée d'ailleurs, elle ne peut agir, élément sur élément ou masse sur masse, en des lieux qu'elle n'occupe point ; elle ne doit pas pouvoir alors réunir en soi la triple faculté d'attirer, de repousser et de mouvoir ; et cependant elle se comporte, disent Newton et l'Expérience, comme si elle attirait, repoussait et mouvait, Donc la matière n'est en quelque sorte que le quatrième terme $= 1°$ (vrai plastron par conséquent) de trois forces égales — chacune en particulier — à 1^1, mais (ensemble, ou réunies par manière, non de somme, mais d'exaltation) à 1^3; c'est-à-dire, comme nous l'avons prétendu, la matière est *effet* réel ou apparent, et la force qui la crée, dirige ou soutient, est la *Puissance* réelle.

Mais, nous demandera-t-on ici peut-être, quel pourrait être *hors* de la matière ou *sans* la matière, le siége de la force ? Cette question est trop naturelle pour que nous n'entreprenions pas de la résoudre immédiatement ; et, pour cela, nous ferons remarquer que, avant la création de la matière, la force n'a point de siége fixe ou déterminé, puisqu'elle est alors infinie. Dans un vide, par hypothèse, universel, quelle raison pourrait-on avoir de ne pas concevoir la force infiniment libre? Or, infiniment libre, elle doit partout atteindre et toujours agir sans distinction de lieux ni de moments. Quand, ensuite, on commence à la supposer s'arrêtant quelque part sous la forme de plus en plus développée de *points*, d'*atomes*, de *molécules* et de *corps* plus ou moins condensés, dispersés ou distants, elle doit naturellement, en raison même de ses effets *statiques* actuels, en instituer d'autres *dynamiques* et corrélatifs ; elle doit notamment, par exemple, se poser comme attirante en raison directe du produit des masses et inverse du carré des distances, car ses produits présupposés lui sont une raison d'agir ainsi et non autrement; mais dans tous les cas elle n'en dépend point, et leur siége est en elle, non le sien en eux.

Après cela, la seule question encore en litige est celle de la *complication* déjà mentionnée de la force ou de la puissance réelle; mais cette complication s'explique pour ainsi dire d'elle-même dans notre doctrine, dès-lors que nous concevons la puissance réelle sous la forme de trois facteurs éternellement réunis — comme relatifs ou corrélatifs — en l'absolu. Comme relatifs ou corrélatifs, ces trois facteurs subsistent ensemble à la façon de membres emboîtés et retranchés l'un en l'autre. Ainsi, par exemple, il ne faudrait pas s'imaginer que l'attraction de la Terre par le Soleil lui vienne d'abord du Soleil même, mais que la répulsion de la Terre par le Soleil lui vienne d'ailleurs, et que la force tangentielle emportant la Terre dans son orbite lui vienne d'ailleurs encore. La Terre et le Soleil sont, comme corps célestes, deux astres séparés et distincts; les forces qui les sollicitent, au contraire, quoique distinctes, ne sont jamais séparées. Car, par exemple, l'attraction de la Terre pour le Soleil, et l'attraction du Soleil pour la Terre ne sont, en principe, qu'une même attraction; la répulsion de la Terre pour le Soleil et la répulsion du Soleil pour la Terre ne sont, en principe, qu'une même répulsion, etc. Bien plus, les trois forces relativement irréductibles attractive, répulsive et impulsive, ne sont, en principe, qu'une seule et même force absolue. Cette force absolue, radicalement mais non ultérieurement indivisible, est alors commune, comme *une*, à tout le système solaire; mais, comme *triple* en ses branches ou divisions, elle lui est commune encore; et, la seule chose qui s'en différencie dans le temps ou l'espace, ce sont les *actes* potentiels ou du 2e degré, par lesquels ses trois divisions ou Relations internes témoignent leur présence respective ici ou là, comme le ferait un musicien placé devant un orgue ou un piano, dont les doigts mobiles tireraient de ces instruments des sons secondairement dépendants à la fois de leur facture et de sa volonté.

10. Les vraies forces sont choses subsistantes en elles-mêmes. Les physiciens empiristes, qui n'ont jamais compris ni pu comprendre cette vé-

rité, n'ont aussi jamais pu sortir de l'étroite ou superficielle idée mathématique de la force envisagée comme *grandeur;* et de là vient qu'en présence des faits observés, ne trouvant jamais en elle qu'un *moyen* sans principes appropriés, ils sont incessamment obligés, dans leurs explications, de suppléer au défaut de principes par des hypothèses plus ou moins hasardées, mais parfois aussi d'une absurdité révoltante, comme, par exemple, quand ils identifient la force à la matière, ou maintiennent, après cessation de la force, les effets de la force en la matière, ou bien encore inventent un éther imaginaire pour rendre raison des choses réputées impossibles à la matière, etc.

L'éther n'étant et ne pouvant pas être autre chose qu'une matière subtile, l'impossibilité manifeste d'identifier la force à la matière suffit pour empêcher de l'identifier semblablement à l'éther, et l'introduction de ce moyen d'opération ne sert ainsi qu'à tourner la difficulté sans la résoudre. Mais l'assertion erronée la plus curieuse, parmi les trois que nous venons de rappeler, est celle par laquelle on admet que, la force même, auteur d'un mouvement donné, venant à s'annuler, le mobile doit continuer de se mouvoir de lui-même dans la même direction. Beudant, qui voyait dans cette assertion le « principe fondamental de la mécanique », la donne comme un résultat du raisonnement et de l'expérience. (Notez que Poisson tient le même langage.) Voyons donc. « Un corps, étant par lui-même, dit-il d'abord (*Physique* § 43), incapable de produire aucun mouvement, doit être aussi incapable d'altérer celui qu'il a reçu, soit dans sa direction, soit dans sa vitesse. » Soit ! Un corps, passif au début du mouvement, est et doit être à plus forte raison passif pendant toute la durée du mouvement, si le mouvement dure; mais le corps qui par hypothèse reçoit passivement le mouvement, le conserve aussi passivement dans la suite, et dans l'un quelconque de ces cas il est aussi nul qu'en l'autre. Donc, puisque le mouvement est déterminé par hypothèse, la cause en agit toujours également, et son influence est la même pendant sa durée qu'à l'origine.

« Nous voyons, ajoute ensuite cet Auteur, que le mouvement que possède un corps se perpétue plus longtemps, à mesure que les frottements et tous les obstacles quelconques qui tendent à le détruire diminuent ; ce qui conduit à penser que, sans ces obstacles, dont on peut faire abstraction dans la théorie pour les prendre plus tard en considération, le mouvement acquis durerait toujours. » Cela revient à dire : un corps garde un mouvement qu'il ne perd pas ; un corps ne perd pas le mouvement qu'il garde : par conséquent, le corps qui n'en perdrait jamais rien, le garderait toujours. Très-bien encore ! Mais est-ce que cela prouve la chose à démontrer, savoir. que, la cause du mouvement ayant cessé d'agir sur le mobile, le mobile continue de se mouvoir ensuite *de lui-même ?* Certainement, non. Des obstacles placés sur la route suivie par un corps n'en détruisent pas le mouvement, mais le lui soutirent et se l'approprient à proportion : la cause en est donc incessamment active ou présente, et par conséquent tout corps qui se meut contient en lui-même la cause de son déplacement, à moins qu'on n'aime mieux dire qu'il en est contenu.

L'erreur ou la confusion d'idées qui règne ici

dans l'esprit des physiciens provient de ce qu'ils ne distinguent pas suffisamment entre la cause *motrice* et la cause *mouvante*, ou mieux entre la cause *potentielle* et la cause *tendantielle*. Par exemple, l'explosion de la poudre dans un canon de fusil est une cause *motrice* ou *potentielle* à trois facteurs ($= 1^3$) ; mais la réaction qui se produit à la suite de cette explosion et d'où résulte le départ du projectile, est une cause *mouvante* ou *actuelle* à deux facteurs ($= 1^2$). La première cause, étant instantanée, se suspend d'elle-même ; mais la seconde, étant habituelle ou *tendantielle*, n'a point de raison, une fois produite, de prendre fin ; elle ne peut pas même finir, elle peut seulement se répandre ou se communiquer d'un corps à l'autre, à la manière d'un virus contagieux. Ainsi, le mouvement une fois produit ne se continue point uniformément, comme on le prétend, parce que seulement le principe *premier* en a cessé, mais parce qu'au contraire le principe *secondaire* n'en cesse point. Comment concevrait-on, autrement, la communication du mouvement ? Le mouvement est quelque chose, puisqu'il se communique ; il n'est pas un corps, puisque les corps impénétrables entre eux ne se communiquent pas ; il est donc une force, mais non toute espèce de forces ; il est cette force qui consiste à changer les rapports ou les formes, ainsi que les positions ou les lieux des êtres, à peu près comme la Vie dont nous sommes doués, consiste à contracter ou dilater les veines et à faire circuler plus ou moins rapidement le sang dans nos organes.

11. Par ce que nous venons de dire, on voit que le champ de la science est loin d'être exempt de préjugés ou d'erreurs en vogue, capables d'en entraver à chaque pas le développement naturel ; mais dans cette foule d'opinions hasardées et plus ou moins pernicieuses, il en est surtout Une aussi remarquable par son universalité que par son invalidité manifeste : nous voulons parler du prétendu principe de l'*Égalité constante entre l'action et la réaction*. Déjà nous avons indirectement renversé ce principe, mais le temps est venu de l'attaquer en face, en montrant dans quels cas il tombe à faux, ou devient au contraire admissible.

Présenté comme on le présente d'ordinaire ou sans restriction, ce principe est évidemment faux [1]; car, s'il était vrai par hypothèse, tout mouvement et tout changement réels seraient choses absolument impossibles, et le monde ne pourrait jamais sortir de l'état d'équilibre parfait où le retiendrait nécessairement le conflit de forces actives ou réactives égales. Suivant ce principe, en effet, autant, par exemple, le Soleil attire la Terre, autant la Terre, sinon du premier coup, au moins par représailles, devrait attirer le Soleil ; de même, autant la Terre repousserait par initiative le Soleil, autant le Soleil repousserait en revanche la Terre, etc. Or, s'il en était ainsi, toutes ces actions ou réactions contraires, s'annulant par égalité, ne pourraient produire aucun effet sensible et percevable aux yeux, et l'on verrait par suite

---

[1] Dans les raisonnements faits par les auteurs pour prouver ce principe, on peut remarquer qu'ils confondent toujours le *passif* et l'*actif*, ou la *puissance* et la *résistance*. On peut voir là-dessus ceux de M. l'abbé Moigno, *Manuel de la science* (*Annuaire du Cosmos*), pag. 246. — Les attractions respectives solaire et terrestre sont *indépendantes* l'une de l'autre : elles ne sont donc pas *réactives*.

un équilibre absolu régner en tous les lieux où l'expérience démontre au contraire l'existence d'un changement ou d'un mouvement perpétuel. Donc, pris dans toute sa généralité, le principe de l'Égalité entre les actions et les réactions est entièrement faux et doit être rejeté.

Cependant, s'il n'est pas nécessaire que la réaction soit toujours égale à l'action, il n'est pas impossible qu'elle le soit; elle peut donc y être tantôt égale et tantôt inégale. L'examen de ces différents cas va nous ménager heureusement la transition de la *Dynamique* à la *Statique*.

12. Pris, comme tout à l'heure, sans restriction aucune, le principe en question nous replaçait sur le terrain de la Mécanique *générale*; et déjà nous avons reconnu que là, sans pouvoir être déclaré faux à tout jamais, il n'était point de mise. Pour s'expliquer cette annulation préalable, il suffit d'avoir égard à l'exercice des forces alors considérées. En Mécanique générale, en effet, les Puissances absolues restent absolues. Leurs actions ne laissent point pour cela d'être réelles; mais, la réalité n'en étant jamais qu'ob-

jective, l'omnipotence subjective plane toujours sur le phénomène incapable ainsi d'altérer le caractère originaire des Puissances, et, par suite, n'importe qu'alors les actions soient successives ou simultanées, inverses ou directes, égales ou inégales, leur avénement reste constamment implicite, et les différences en passent *comme* inaperçues.

En Mécanique *spéciale* ou Dynamique, il en est tout autrement. Ici, les actions ou réactions sont patentes, et leurs *inégalités* le sont pareillement; car les réactions, au lieu d'être égales aux actions, sont justement égales aux *passions*. Par exemple, le Soleil attirant incomparablement plus la Terre que la Terre n'attire le Soleil, le Soleil est aussi, sans comparaison, plus *actif* que la Terre, et la Terre incomparablement plus *passive* que le Soleil : sous ce rapport, la situation de ces deux astres est à peu près la même que celle entre tyrans et martyrs, persécuteurs et victimes. Eh bien ! de quel côté se porte alors la réaction? Elle se porte constamment du côté de la faiblesse ou de la passion. Ainsi, la Terre se meut incomparablement plus vite dans son orbite, que le

Soleil dans le sien; car, au dire des astronomes, le rayon de l'orbite solaire est moindre que celui de la sphère de l'astre. De même, au moral, la sympathie, la faveur, l'intérêt, se portent du côté des victimes ou des martyrs, et se tournent contre les persécuteurs et les tyrans, éternellement voués par la conscience publique à l'infamie.

Quand donc trouverons-nous l'occasion, en quelque sorte exceptionnelle, de constater par expérience la vérité du prétendu principe de l'Égalité entre actions et réactions? Ce sera quand, sortant entièrement du champ de la Mécanique spéciale ou de la Dynamique, nous mettrons enfin le pied sur le terrain de la Mécanique *particulière*, ou de la Statique. L'impossibilité de l'appliquer en Dynamique résulte, avons-nous dit, de ce que là les actions des forces opposées ne se correspondent point, mais subsistent *indépendantes*, comme provenant de sujets distincts et n'ayant ainsi jamais, chacune en face, que la passion de la force opposée; c'est pourquoi l'on n'y rencontre jamais, à proprement parler, des ensembles d'actions ni des ensembles de passions, mais seulement des ensembles d'action et de passion. Les forces en présence étant toujours respectivement constituées comme $\begin{cases} a \\ p \end{cases}$, $\begin{cases} p \\ a \end{cases}$, et nullement comme $\begin{cases} a \\ r \end{cases}$, $\begin{cases} r \\ a \end{cases}$, la réaction fait évidemment défaut en face de l'action, et ne lui peut par conséquent être jamais égale. Imaginons alors de mettre immédiatement l'action et la réaction en présence, et pour cela prenons deux forces semblables que nous supposerons, à l'instar de deux ressorts, appliquées dans une même direction, mais à contre-sens l'une à l'autre. Alors, bien que peut-être les deux agents opposés, comme les deux ressorts, ne soient point originairement de même force, un même phénomène se produit. Car, comme chacun presse, chacun résiste; mais chacun résiste aussi comme il est pressé; donc chacun est pressé comme il presse. Donc: finalement, les actions sont, en Statique, égales aux réactions, et cela parce qu'ici les actions, au lieu d'être, comme en Dynamique, *inverses* et *alternantes*, sont au contraire *communes* et *simultanées*; au lieu que les forces *disparates* n'ont que des effets *apparents*, les forces *semblables* ont des effets *réels* et se règlent l'une sur l'autre.

13. Le raisonnement précédent et la comparaison adjointe pouvant paraître obscurs ou renfermer au moins quelque écueil, traduisons-les en chiffres. Soient en présence deux forces égales chacune à *3*, égales entre elles par conséquent; et supposons-les se mouvant d'abord en sens contraire dans une même direction, de manière à se rencontrer en un moment donné face à face, sans pouvoir se détourner vers la droite ou la gauche ni le haut ou le bas : dans ce cas, on admet et doit admettre, en Statique, que ces deux forces s'entravent et se condamnent l'une l'autre au repos absolu. Que ces forces soient alors physiques ou psychiques, peu importe. Le cas ne changerait pas davantage, au point de vue statique, si, supposant les deux forces inégales, nous admettons leurs quantités de mouvements égales, pour l'une à *3*, et pour l'autre à *5*; car on reconnaît, en Statique vulgaire, que les deux forces doivent perdre, chacune, une quantité de mou-

vement égale à *3* : c'est pourquoi la plus forte continue seule d'influer sur le mouvement ultérieur par la quantité *2* qu'elle en retient.

14. $3 - 3 = 0$. Est-ce à dire, pour cela, que le groupe $(3 - 3)$ soit tout à fait nul ? Non, certainement. Là, chacune des deux forces en présence s'annule bien, en concours avec l'autre, comme force mouvante ou active, mais elle ne s'annule point comme force résistante ou passive. Chacune d'elles s'annule bien encore dans la direction commune aux deux, mais elle ne s'annule pas de même, au point de vue du possible, dans les directions obliques ou normales à celle-là ; car, individuellement arrêtées l'une par l'autre dans leur direction commune, elles conservent la liberté de se mouvoir ensemble dans toutes les autres directions. Donc ces deux forces ne s'annulent point absolument. Donc elles ne sont pas simplement zéro. Donc on ne peut poser $3 - 3 = 0$ qu'au point de vue statique pur, et pour rentrer dans le cas général on devra poser $(3 - 3) = 0$ ou $1°$, marquant ainsi que les deux quantités opposées de sens ne

sont point d'absolues nullités, mais seulement des objets bruts, incapables par eux-mêmes de tous effets ultérieurs.

Au lieu de $(3 - 3) = 0$ ou $1°$, posons maintenant $4 - 3$: nous devrons avoir, d'après ce qui précède, $4 - 3 = 1'$; et ce reste ou résultat prouve que cette fois la force égale à 4 conserve, après la lutte contre la force égale à 3, une unité de force pour continuer le mouvement dans son propre sens. En conséquence, cette même force originairement égale à 4 n'est point constituée dans un état statique pur, mais elle réunit en soi les deux fonctions statique et dynamique, ou de résistance et de puissance, se comportant ainsi comme si elle avait à la fois corps et âme, ou bien commençait à présenter une teinte de *bi-personnalité*[1].

---

[1] Est *personnel* tout Être *actif* suivant une dimension quelconque, car, à ce titre et dans sa dimension, il est sujet-objet, absolu-relatif, terme-facteur, disons le mot, affecté d'exposant ou *gradué*. Par suite, est *uni-personnel* tout Être du 1er degré ; *bi-personnel*, tout Être du 2° degré ; *tri-personnel* tout Être du 3° degré. Mais la tri-personnalité de l'Être à trois degrés, tant objectifs que subjectifs, est seule

15. Il est mathématiquement démontrable que toutes forces pareilles à des ressorts se déploient *hyperboliquement*, non en ce sens qu'elles décriraient réellement des hyperboles, mais en ce sens que leurs vitesses décroissent comme varie la courbure d'une trajectoire hyperbolique. Soient, alors, en présence, deux forces analogues, dont l'une $= 3$, réduite à son plus haut degré possible de *concentration*, serait à $0°$ d'une échelle dont, étant à son plus haut degré d'*expansion*, elle atteindrait la division $3°$, et dont l'autre $= 4$, présupposée toujours l'aborder dans la même direction, serait, à son plus haut degré de *concentration*, à 4 divisions du $0°$ de la première, mais n'aurait qu'assez de ressort pour atteindre, en son plus haut degré d'expansion, le même point. Alors, les deux forces se déployant à la fois, la rencontre et l'arrêt s'en font juste à la distance de $1 + \frac{1}{2}$ du point de départ $0°$ de la première, et à la distance $2 + \frac{1}{2}$ du point de départ de la seconde ; c'est-à-dire

---

réelle; la bi-personnalité de l'Être à deux degrés n'est que *formelle* ou *apparente*.

qu'elles ont perdu, toutes deux, la moitié du ressort de la première, et l'une relativement plus ou moins que l'autre. Est-ce que, maintenant, ce dernier résultat ne contredirait point par hasard celui du paragraphe précédent, où $(3 — 3) = 0$ ou $1°$? Bien s'en faut ; car, dans le cas du paragraphe précédent, les deux forces en présence n'étaient pas supposées distantes à l'origine, comme dans le cas actuel. Nullement distantes, deux forces *3* et *3*, ou deux forces *4* et *3* se comportent en concours comme les mêmes quantités abstraites en arithmétique, et donnent ainsi $(3 — 3) = 0$ ou $1°$, $4 — 3 = 1'$. Au contraire, deux forces élastiques ne peuvent jamais se réduire l'une l'autre en cet état extrême, si nous supposons l'une ($= 4$) à *3* ou *4* divisions du point de départ de l'autre ($= 3$); car, en chemin, les résistances finissent par annuler les mouvements. Mais toujours une égale quantité de mouvement s'annule des deux côtés, et la plus grande force perd ainsi relativement moins ou retient relativement plus de ressort que l'autre.

16. Herbart n'a pas manqué de distinguer l'un de l'autre les deux états *statique* et *dynamique* entremêlés; mais, appelant *seuil* le point où toute l'action expansive d'une force intellectuelle expire, il admet que, arrivée là, tantôt (en l'état 1°, par exemple), une représentation n'a plus de force, ou subsiste comme ne subsistant pas, et tantôt (en l'état 1', par exemple), elle en retient assez pour influer sur la marche des esprits ou des idées.

Nous trouvons dans cette manière de voir une double méprise, à savoir : 1° celle de prétendre que deux forces passées à l'état statique absolu n'agissent plus tant *au dedans* qu'au dehors, car il nous semble manifeste qu'alors même elles doivent tendre à se relever de sous le seuil ; et 2° celle de prétendre que, une fois passée sous le seuil, une force quelconque reste parfois capable d'influer dynamiquement sur le dehors, d'où elle est absente. Toutes forces comprimées réagissent bien d'autant plus qu'elles le sont davantage; mais cette réaction doit être censée rester interne ; et nulle réaction interne ne peut avoir d'effet externe, avant de se traduire elle-même au dehors, en se dégageant de sous le seuil.

Cela compris, admettons que, sur un plan où sera la division $0°$ pour toute une série de forces élastiques inégales, telles que 1, 2, 3, 4, etc., l'on applique un autre plan comprimant avec assez de force pour abattre à $0°$ toutes les forces élastiques sous-jacentes, mais que, immédiatement après, on relève à plusieurs reprises ce dernier plan de 1, 2, 3, 4.... degrés : il est clair qu'alors toutes les forces comprimées se relèveront aussi successivement, mais de telle sorte que les moindres éprouveront toujours un allégement entier avant les plus considérables. Entre les différentes occasions d'appliquer ce principe de relèvement, voici maintenant celle qui nous semble le plus particulièrement remarquable. Soient deux forces pleinement annulées au dehors en relation statique, comme dans le cas $(3\text{-}3) = 0$ ou $1°$, ou bien encore, comme quand un atome d'oxygène et un atome d'hydrogène se trouvent étroitement combinés ensemble, de manière à former par leur annulation respective une molécule d'eau d'une nature tout autre en apparence. Si, par hypothèse, on enlève alors de cette com-

binaison l'*un* des deux atomes intégrants, on délivre par là-même la force jusqu'à cette heure captive de l'*autre* atome, et on la rend à l'état dynamique $= 1'$. Mais l'Activité radicale est nécessairement douée de trois puissances. Donc l'absolu, réel, équivaut, en elle, à $(1'+0+0)$. Par une nouvelle opération analogue à la précédente, délivrons semblablement le second terme annulé de cet Absolu: nous le reconstituerons par là-même d'autant, et pourrons ainsi le poser sous la forme moins incomplète $(1'+1'+0)$. Enfin, par une dernière opération de même espèce, opérons-en la restauration entière: nous l'aurons finalement égal à $(1'+1'+1')=3(1')$, $=1^3$ [car, d'abord, en tant qu'originairement *confondues* en l'Absolu, les trois Relations n'y fonctionnent plus comme termes, mais seulement comme facteurs; et puis la formule infinitésimale $\int dx + \int dy + \int dz$ équivaut bien à la formule algébrique U^3]. Donc un être de plus bas étage est formellement convertible en être de la plus noble condition, et ainsi s'explique ou se justifie cette parole évangélique (Luc. III, 8):
Potens est Deus de lapidibus istis suscitare filios Abrahæ.

17. L'Homme existe, comme être *personnel*, sous la forme algébrique de l'Absolu $= 1^3$; mais, comme être *relatif*, il existe sous la forme infinitésimale d'Élément $= (1' + 0 + 0)$, et par conséquent on peut se le représenter comme simultanément égal à $\begin{cases} 1^3 \\ 1^1 \end{cases}$, d'où se déduit ensuite l'identité *psychologique* (non géométrique) $1^3 = 1'$; ou bien $1' = 1^5$.

L'Ange, moins imparfait, existe, comme être *personnel*, sous la forme algébrique 1^3; mais, comme être *relatif*, il revêt la forme infinitésimale $(1' + 1' + 0)$, d'où il vient, d'abord, $2(1')$, puis (en raison de la note entre parenthèses du § 16), 1^2.

Enfin, Dieu existe, comme être *absolu*, sous la forme algébrique 1^3, et, comme être *relatif*, sous la forme infinitésimale $(1' + 1' + 1')$, d'où il vient encore, et par les mêmes raisons, $3(1^1)$ d'abord, et 1^3 ensuite.

C'est-à-dire que l'Homme est en lui-même, avant tout perfectionnement, un être *uni-personnel*, l'Ange un être *bi-personnel* (en fonction), Dieu un être *tri-personnel* (en nature).

Comme nous l'avons déjà fait observer, Dieu pouvant faire d'un être radicalement constitué sous le *seuil*, tel qu'une *pierre*, un être élevé de 1 degré sur le *seuil*, ou un *Homme*, doit pouvoir aussi faire d'un *Homme* un *Ange*, et d'un *Ange* (en fonction, sinon en nature) un *Dieu*. Donc les trois divisions de la Mécanique en *générale*, *spéciale* ou *particulière*, sont trois simples divisions de degrés actuels, non de positions absolues inconvertibles; et dès-lors ces trois degrés peuvent caractériser indifféremment trois sortes d'Êtres absolus en trois états relatifs subordonnés, suivant qu'on se place, pour en juger, au point de vue des *origines*, qui n'est point susceptible de renversement, ou bien inversement au point de vue des *fins*, qui, postérieur au précédent, ne suppose pas seulement ce renversement possible, mais encore l'impose en quelque sorte d'office par l'obligation morale rigoureuse incombant à tout Être de remonter, autant qu'il le peut, du moins au plus.

18. Mais des formules ne sont que des formules ; il leur manque la vie, l'action, le mouve-

ment. Pour animer les formules exprimant les trois natures *humaine*, *angélique* et *divine*, nous leur associerons ici les trois notions hiérarchiques de *puissance*, de *tendance* et *d'acte*, en résumant nos idées sur ces divers modes subordonnés d'Activité.

D'abord, comme nous l'avons établi § 12, les trois *puissances* radicales s'organisent parfaitement entre elles, à peu près comme s'organisent en nous, êtres corporels, les trois systèmes *alimentaire*, *vasculaire* et *nerveux*; mais cette étroite complication d'exercice, où se passe-t-elle, sinon dans le ressort de l'*imaginaire* pur, c'est-à-dire dans cette région des Puissances où l'on ne saurait encore rien discerner entre elles qu'à l'aide de longues et difficiles considérations ou déductions? Car le fond des organismes est certainement inabordable à l'observation; et, sans le secours de la métaphysique, on tenterait bien vainement de trouver, soit un *principe*, soit un *terme*, soit un *moyen* exclusifs dans un ensemble de rôles s'impliquant toujours à la fois sous ces divers titres sans préséance obligée (sinon imaginaire) de chacun d'eux aux deux autres. Donc, si là les Puissances sont réellement constituées à l'origine, elles ne le sont jamais qu'au point de vue de l'Imaginaire ou de la Raison pure, et, les ensembles n'en étant qu'imaginaires, les effets n'en sont aussi (sans être pour cela tout à fait nuls) qu'imaginaires ou rationnels.

De cette première région absolument ténébreuse pour le Sens, sinon pour l'Intellect, passons maintenant à la région moyenne des *Tendances* où, le Sens commençant à s'exercer, l'intelligence *semble* aussi prendre un corps et fonctionner par manière de représentation externe. Qu'est ce nouveau monde des tendances ? C'est un monde interne, absolument *interne*, comme le précédent, mais tel déjà pourtant que, à la différence de ce dernier, il *apparaît* tout spécialement *objectif*; car, en lui, malgré l'immense déploiement apparent des forces en jeu, le théâtre en reste intérieur à elles, et ne se traduit point, sans leur expresse ou volontaire intervention active, au dehors, en fait sensible. Pour fixer nos idées à cet égard, rappelons-nous que le Sens est radicalement infini, *quoique* un, et radicalement encore indivisible *comme* un ; que, de son côté, l'Intellect, un, reproduit en lui-même l'extension originaire infinie de Sens, avec cette seule différence que cette extension, au lieu d'être en lui réelle ou *positive*, comme dans le Sens, y est simplement intelligible ou *négative*, et que, enfin, l'Esprit, réelle transition instantanée du simple à l'infini, comprend en sa propre puissance tous les degrés possibles de *vitesse* compris entre ces deux limites. La plénitude d'extension positive dans le Sens ôte toute raison d'être à l'absurde hypothèse de l'éther ; car les vibrations, une fois produites dans le sens radical, sont autant et mieux transmissibles en son immensité réelle, qu'entre des séries de billes ou d'atomes mobiles. Ces vibrations ou toutes autres productions analogues sont d'ailleurs possibles ou transmissibles en elles-mêmes, en raison de l'absence de formes ou du vide formel que nous constations naguère en l'Intellect radicalement privé de toute extension positive, mais cependant positivement modifiable à divers degrés dans le temps ou l'espace. Mais, ces conditions préalables d'exercice contingent une fois réunies, et supposé que la puissance sensible absolue se pose distinctement en divers lieux en manière d'*astres* ou de *sphères*, tous ces lieux devenant des siéges de l'Esprit sont par là-même sujets à des actions ou réactions appliquées les unes aux autres comme corrélatives et potentielles du deuxième degré. Le Sens est alors relativement excité, l'Intellect est de même relativement excité ; mais, excités ainsi relativement, le Sens et l'Intellect le sont seulement, comme il leur convient de l'être en cet état, à la manière de forces qui *s'observent, se connaissent et se pénètrent ou se contiennent*, sans pour cela se confondre ni s'échanger entre elles. Les phénomènes produits sont donc de simples phénomènes *relatifs* de situation, de distance, de proximité, de constance et de mouvement, et nullement déjà des phénomènes *absolus* de qualité, d'être ou d'essence.

Cependant, ce dernier genre de phénomènes ou d'effets est encore possible, et c'est le cas dans la production d'Actes spécialement *subjectifs*, comme quand des Esprits constitués en état d'action et de réaction *externes*, ou se refoulent l'un l'autre sous le seuil, ou se tiennent du moins respectivement plus ou moins loin de leur plus haut degré d'expansion possible. Dans un cas de refoulement *entier* se succédant par intervalles ou périodes, les êtres apparaissent et disparaissent tour à tour, semblent mourir et renaître. Dans un cas de refoulement *moins absolu*, les êtres n'éprouvent que des éclipses ou des revivifications partielles ; mais, leur personnalité tout entière subissant ces différentes phases en plus ou moins, les variations d'état concernent bien en eux leur fond réel ou *subjectif*; et leurs modifications d'alors, n'importe qu'elles soient de nature sensible, intellectuelle ou morale, diffèrent ainsi totalement de celles où leurs seules images *objectives* varient, et à plus forte raison de celles où leurs seuls *types intelligibles* sont censés figurer.

Le monde *humain* est donc le monde sensible où les forces absolues personnelles, enjambant en quelque sorte instantanément l'infini qui les sépare originairement l'une de l'autre, se constituent elles-mêmes par actions et réactions mutuelles en des états où leurs *subjectivités* concentrées se modifient plus ou moins gravement et jusque parfois du tout au tout. Le monde *angélique* est le monde intellectuel où les forces absolues personnelles, plus ou moins largement déployées dans l'espace, apparaissent accessibles à des vitesses, instantanées encore sans doute en principe, mais très-variables de fait, et dont les résultats apparents sont une *objective* représentation des différentes passions qui les animent. Enfin, le monde *divin* est le monde spirituel où les forces absolues personnelles n'empruntant leurs sentiments à rien d'*actuel*, comme la sensation physique, ni de *formel*, comme la représentation des situations ou mouvements externes, s'inspirent aux seules sources *imaginaires* d'ensembles ou de rapports parfaits dans lesquels, soit l'*absolu*, soit le *relatif*, s'identifient si bien l'un avec l'autre, qu'on y voit ou croit voir à la fois tout en chaque chose et chaque chose en tout. En dehors des trois mondes précédents, existe le monde *matériel*; mais ce dernier monde, dépourvu de toute initiative, a pour forces *radicales* les puissances divines, pour forces *dirigeantes* les tendances angéliques, et pour forces *exécutives* les Actes absolus humains, tout son être se réduisant ainsi, quand on fait abstraction de ces trois sortes de forces, en une pure apparence d'états successifs ou d'ensembles variables, pareils aux mille *formes inanimées* projetées par des branches flexibles sur les claires eaux d'un lac tranquille.

TABLE DES MATIÈRES

Avant-Propos..................................... v
Identité des deux faces objective et subjective
   de l'Être...................................... 17
Mécanique *générale* : Des *Puissances*.......... 2?
Mécanique *spéciale* : Des *Tendances*........... 33
Mécanique *particulière* : Des purs *Actes*...... 57
Les trois formules : *humaine*, *angélique* et *divine*.. 69

FIN DE LA TABLE.

ERRATUM DU N° 10

Pag. 11, lig. 17, au lieu de : *inadmissible*, lisez : *inamissible*.

ERRATUM DU PRÉSENT N° 11.

Pag. 41, lig. 23, au lieu de : *doptées*, lisez : *adoptées*.

www.ingramcontent.com/pod-product-compliance
Lightning Source LLC
LaVergne TN
LVHW021002090426
835512LV00009B/2033